CCSS **Género** Texto

MW01273827

Pregunta esencial
¿Qué sabemos del planeta Tierra y de sus vecinos en el espacio?

Destino:
★Saturno

Karen Alexander

Capítulo 1

Exploremos Saturno

Muchos han estudiado las estrellas y los planetas por miles de años. Este estudio se llama astronomía. Aun antes de que se inventara el telescopio, la gente ya había descubierto Saturno. Con la ayuda de una nave espacial, aprendemos cosas nuevas.

Saturno es el segundo planeta más grande de nuestro sistema solar. Además, es el sexto planeta desde el Sol.

Neptuno
Urano
Saturno
Júpiter
Marte
Tierra
Venus
Mercurio
Sol

Sistema solar

Saturno es mucho más grande que la Tierra.

Saturno

Tierra

Saturno no tiene forma de globo. Parece una pelota a la que presionan de arriba y de abajo al mismo tiempo. Se ve así porque gira a gran velocidad. El centro de Saturno es rocoso, pero la superficie está compuesta por gas. Esto no permite que los seres humanos vivan allí.

Planeta gaseoso

Saturno es un planeta gaseoso. Es probable que la roca del centro esté tan caliente que sea líquida. Júpiter, Urano y Neptuno también son planetas gaseosos. Estos son mucho más grandes que los formados por metal y rocas, como la Tierra. Estos se llaman **planetas rocosos**.

Los anillos de Saturno

Saturno es el planeta más fácil de reconocer debido a sus anillos. Todos los planetas gaseosos tienen anillos, pero los de Saturno son los más grandes y visibles. Los anillos son principalmente de hielo, con trocitos de roca y polvo de distintas dimensiones. Algunos tienen el tamaño de un grano de arena; otros, el tamaño de una montaña. Los anillos se extienden por miles de millas desde el planeta. Sin embargo, su grosor es solo de media milla aproximadamente.

Los científicos creen que los anillos de Saturno pueden haberse formado con trozos de lunas rotas.

Los anillos de Saturno

Hasta ahora, se han descubierto ocho grupos de anillos. Se los fue nombrando en orden alfabético a medida que se descubrían. Hay muchos anillos en cada grupo y hay huecos entre ellos.

El descubrimiento de los anillos

El **astrónomo** Galileo fue la primera persona en observar el planeta Saturno con un telescopio y ver los anillos que lo rodeaban. Galileo no podía ver exactamente qué eran los anillos. Los dibujó como si fueran manijas. Huygens, un astrónomo holandés, se dio cuenta de que la forma era de anillo. El astrónomo Cassini observó que había por lo menos dos anillos. Actualmente, el espacio que existe entre los anillos A y B se llama División de Cassini.

Galileo

Muchas lunas

La Tierra tiene solo una luna. Saturno, sin embargo, tiene muchas. Cincuenta y tres de ellas tienen nombre, pero todo el tiempo se están descubriendo más. Titán fue la primera luna que se descubrió. Es, además, la más grande de todas. De hecho, es más grande que Mercurio.

Todas las lunas son diferentes. Muchas son heladas. Algunas son inmensas; otras, diminutas. Y otras, hasta tienen sus propios anillos.

La luna Febe viaja alrededor de Saturno en dirección opuesta a la dirección del planeta.

Febe

Saturno

Dione es una de las lunas heladas de Saturno. Algunos de los anillos de Saturno se pueden ver detrás de Dione.

Dione

★ **¿Lo sabías?**

Un día en Saturno dura 10 horas y 39 minutos terrestres. Un año dura 29.5 años terrestres.

Algunas de las lunas **orbitan** dentro de los anillos. Se las llama lunas "pastoras". Esto se debe a que la fuerza de **gravedad** entre ellas y los anillos puede hacer que los anillos se desplacen.

Dos de las lunas comparten la misma órbita. Viajan a una distancia aproximada de 30 millas una de otra. Cada cuatro años, la exterior alcanza a la interior e intercambian la posición.

Capítulo 2

Misión a Saturno

Los científicos han aprendido más sobre Saturno con la ayuda de las naves espaciales. En 1997, una misión espacial despegó de la Tierra para estudiar el planeta, sus lunas y sus anillos.

La nave espacial Cassini-Huygens tardó siete años en viajar desde la Tierra hasta Saturno. Orbitó Saturno y envió a la Tierra información sobre el planeta. Luego, se dividió en dos. Una de la partes, Huygens, aterrizó con un paracaídas en Titán. Sus instrumentos enviaron a la Tierra información e imágenes sobre Titán.

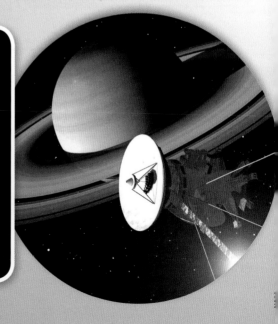

★ ¿Lo sabías?

En 1997, cuando comenzó la misión, solo se habían descubierto 18 lunas de Saturno. La misión Cassini descubrió algunas más. Otras se descubrieron con el uso de telescopios de mejor calidad.

Así es como un artista imagina el aterrizaje de la nave espacial Huygens en Titán.

Un largo camino

Saturno está a 800 millones de millas de la Tierra, pero la nave espacial Cassini-Huygens hizo un viaje mucho más largo para llegar allí. Viajó casi dos mil millones de millas. ¿Por qué? Una nave espacial no puede cargar combustible suficiente para un viaje tan largo. Sin embargo, la gravedad es de ayuda en los viajes al espacio. La nave espacial pasó cerca de la Tierra, Venus y Júpiter. Estos vuelos cercanos la ayudaron a aumentar la velocidad. Durante la mayor parte del viaje, la nave flotó en el espacio sin usar los motores. Cuando llegó a Saturno, usó los motores para bajar la velocidad y entrar en su órbita.

La nave espacial Cassini-Huygens descubrió una gran cantidad de información interesante sobre Titán. Los astrónomos creen que Titán se parece a la Tierra en sus comienzos. Es la única luna en nuestro sistema solar que tiene nubes y **atmósfera**.

Las fotografías que tomó la nave muestran que el paisaje de Titán es similar al del globo terráqueo. Hay valles aluviales y montañas. Además, es posible que los patrones meteorológicos de Titán sean como los de la Tierra, con lluvia y viento.

La superficie es demasiado fría como para que haya agua. Sin embargo, los científicos creen que puede haber un océano bajo tierra.

Esta pintura de la superficie de Titán está basada en la información que envió la nave espacial Cassini-Huygens.

Detective del lenguaje

Halla en esta página un verbo regular cuyo infinitivo termine en *-er*.

La misión también descubrió detalles sobre otras lunas. Hiperión parece una roca puntiaguda. Tiene una forma poco común. La mayoría de los objetos que giran en el espacio son básicamente redondos.

Hiperión

Huygens fue la primera nave espacial en aterrizar en algún lugar del sistema solar exterior.

Cassini

Huygens

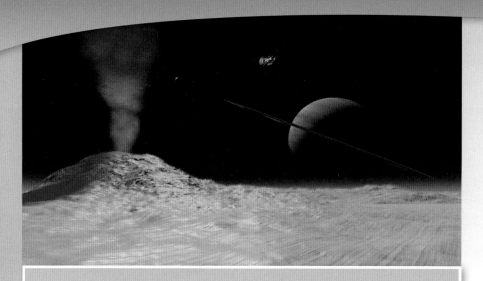

La luna Encélado despide vapor helado. Saturno está a una gran distancia del Sol. El planeta y sus lunas reciben mucho menos sol que la Tierra.

La luna Encélado se ve brillante porque está cubierta de hielo. El hielo refleja la luz del Sol en dirección al espacio. De Encélado salen chorros de agua helada. Los instrumentos de la nave espacial Cassini hicieron pruebas con el agua y descubrieron que es como la de los océanos de la Tierra. Los científicos creen que esto puede significar que hay agua salada debajo de la corteza de la luna. También hace calor en Encélado. Los científicos creen que las temperaturas cálidas implican que, en las profundidades, hay calor.

Cuando termine la misión Cassini-Huygens, en septiembre del año 2017, la nave espacial habrá estado en el planeta durante aproximadamente medio año de Saturno.

Uno de los más sorprendentes acontecimientos de la misión ha sido monitorear una terrible tormenta eléctrica. La tormenta se expande alrededor de todo el planeta y envía flujos de gas hacia la atmósfera de Saturno. Cubre una superficie ocho veces mayor que la superficie de la Tierra. Los científicos dicen que es mucho más fuerte que cualquier tormenta de nuestro planeta.

Para los científicos, es emocionante ver la tormenta en Saturno porque allí las tormentas no son frecuentes.

Las personas estudian astronomía por muchos motivos. <u>Pretenden</u> averiguar más sobre el universo. También quieren saber si hay vida en algún otro planeta o en alguna luna.

La misión Cassini–Huygens ya ha revelado mucha información sobre Saturno. Algunos de los datos más interesantes están relacionados con las lunas Titán y Encélado. Titán nos puede enseñar más sobre los comienzos de la Tierra. Encélado tiene temperaturas cálidas y agua, dos principios básicos de la vida. ¡Quién sabe qué otros descubrimientos asombrosos se harán en el futuro!

| **Detective del lenguaje** | Conjuga en presente el verbo subrayado. |

Respuesta a la lectura

Resumir

Usa detalles de *Destino: Saturno* para resumir la selección. Usa el organizador gráfico como ayuda.

Idea principal
Detalle
Detalle
Detalle

Evidencia en el texto

1. ¿Cómo sabes que *Destino: Saturno* es un texto expositivo? GÉNERO

2. Vuelve a leer la página 10. ¿Por qué los científicos están interesados en la luna Titán? IDEA PRINCIPAL Y DETALLES

3. ¿Qué significa la palabra *helada* en la página 12? Vuelve a escribir la oración usando la palabra *hielo* en lugar de *helada*. SUFIJOS

4. Escribe por qué es importante la misión a Saturno. Usa detalles del texto para apoyar tu respuesta. ESCRIBIR SOBRE LA LECTURA

Compara los textos

Has leído sobre una misión espacial al planeta Saturno. Ahora, aprende cómo la gente solía explicar el universo en el pasado.

¿POR QUÉ TITILAN LAS ESTRELLAS?

Hace mucho tiempo, la Tierra y el cielo no estaban alejados uno del otro, como ahora. Estaban muy cerca. Las personas en la Tierra podían tocar el cielo.

Un día, una mujer salió a moler arroz para preparar la comida a su familia. La mujer tenía un cabello bonito, largo y sedoso. Pasaba mucho tiempo peinándolo. También estaba muy orgullosa de sus joyas, y las usaba incluso cuando estaba trabajando.

Era un día caluroso, y la mujer no quería trabajar. Puso muchos granos de arroz en un recipiente de madera para poder molerlos todos a la vez. Comenzó a aplastarlos con un utensilio pesado llamado mano de mortero. Era una tarea difícil, y la mujer se enfadó.

16

Cada vez que golpeaba el arroz, llevaba la mano de mortero más y más arriba. Mientras trabajaba, se le hizo una ampolla en el dedo, donde su anillo de oro le rozaba la piel. Se quitó el anillo y lo colgó del cielo. La peineta de plata se le soltó del cabello y se le cayó. Eso la enfadó más aún. Colgó la peineta del cielo. Luego, el collar se le enredó en la mano de mortero y también lo colgó del cielo.

Cada vez que la mujer levantaba la mano de mortero, empujaba el cielo más y más lejos. Estaba tan ocupada que no se dio cuenta de lo que estaba sucediendo.

Por fin, la mujer terminó el trabajo. Se secó la frente y dio un paso hacia atrás. En ese momento, sintió que el viento le acariciaba el rostro. Miró hacia arriba y se dio cuenta de que, ahora, el cielo estaba muy alto, lejos de ella. En la distancia, podía ver su anillo, su peineta y su collar, pero no llegaba a tocarlos.

Aún puedes ver sus joyas. Su peineta de plata se convirtió en la Luna, y su anillo de oro se convirtió en el Sol. Su collar brillante se convirtió en las estrellas que titilan en el cielo.

Illustration: Pamela Becker

Haz conexiones

¿Por qué la autora escribió este texto?
PREGUNTA ESENCIAL

¿Cuál es la diferencia entre la explicación dada para las estrellas, la Luna y el Sol en *¿Por qué titilan las estrellas?* y las descripciones del espacio en *Destino: Saturno*? EL TEXTO Y OTROS TEXTOS

Glosario

astrónomo persona que estudia las estrellas y los planetas *(página 5)*

atmósfera gases que rodean un planeta *(página 10)*

gravedad fuerza natural que jala los objetos unos hacia otros *(página 7)*

orbitar seguir un camino, usualmente circular, alrededor de un planeta, una luna u otro cuerpo espacial *(página 7)*

planeta rocoso planeta formado de roca y metal *(página 3)*

Índice

Enfoque:
Ciencias

Propósito Averiguar las diferencias y similitudes entre dos planetas

Paso a paso

Paso 1 Escoge un planeta que te interese (excepto Saturno).

Paso 2 Averigua todo lo que puedas sobre el planeta. ¿En qué parte del sistema solar se encuentra? ¿Qué tamaño tiene? ¿Tiene alguna característica interesante?

Paso 3 Haz un diagrama de Venn que compare tu planeta con Saturno.

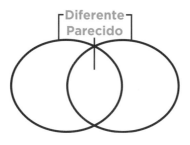

Diferente
Parecido

Conclusión ¿Qué puedes aprender al comparar y contrastar dos planetas de esta manera?